MARTIN SZEGEDI

Die Ehe
mit Unserer Zeit

Die Ehe
mit Unserer Zeit

Gedichte

Bibliografische Information der Deutschen Nationalbibliothek: Die Deutsche Nationalbibliothek verzeichnet diese Publikation in der Deutschen Nationalbibliografie; detaillierte bibliografische Daten sind im Internet über dnb.dnb.de abrufbar.

Herstellung und Verlag : BoD – Books on Demand, Norderstedt

ISBN: 978-3-7543-3051-7

Für meine Tochter Christine

Inhalt

Stil

Wie beginnt man, wie macht man sich 'ran
an ein Gedicht?
Es kommt immer drauf an,
ob man vorsichtig genug
das Schweigen unterbricht.

Das kann man sich anüben,
bis Verse so ausseh'n,
als hätte man sie nicht geschrieben,
sondern als wären sie gescheh'n.

Das anspornende Schlimme

Ich hab mir vorgenommen die Zeit zu vernichten,
es muss was anderes her.
Etwas vor dem man viel leichter kann flüchten
und wär's auch als Nichtschwimmer, hinaus ins Meer.

Einer muss auch mal wagen was niemand vor ihm.
Es kann doch so nicht weiter geh'n,
dass uns die Zeiger der Uhren wie Gras nieder mäh'n,
auch wenn ich es manchmal empfind als sublim.

Die Technik die dahinter steckt,
die macht mich verrückt und verschlägt mir die Stimme,
Gott muss ein Schweizer sein, der mal hat entdeckt,
wie anspornend wirkt auf den Menschen das Schlimme.

Besonders das Schlimme dass ihm die Zeit gemessen wird,
um so genauer – um so besser,
so spürt er um so tiefer im Rücken das Messer,
wenn er sich vom richtigen Weg hat verirrt.

Die Bucht

Das Irrationale fuscht uns dazwischen,
macht uns die Rechnung kaputt.
Wen wundert's?
Besonnen leben kann man nur noch in Nischen,
zurückgezogen in den kleinsten Golf
vor den mächtigen Wogen des Jahrhunderts.

Dolores, unser Haus ist so eine Bucht,
weit weg von den reißenden, unsichtbaren Strömen.
Und nur dass man's weiß, im Fall dass man uns sucht:
wir wohnen nebenan,
gleich rechts von der Anderen Problemen.

Überfluss

Heut gehen wir nicht mehr spazieren,
heut geh'n wir shoppen –
mit was könnte man so was noch toppen,
bevor wir die Erd' ganz ruinieren?

Billig ist nicht nachhaltig :
was einen Wert hat muss was kosten,
wer anders denkt, irrt sich gewaltig
und steht auf dem falschen Posten.

Früher ging man auch einkaufen,
doch wurden die Sachen jahrelang gepflegt,
wie unüberlegt
haben wir uns in die Zukunft verlaufen.

Schafft Billigware tatsächlich Arbeitsplätze?
Wenn ja, aber dann wie lang?
Es ginge bestimmt auch mit weniger Hetze
im Dienst und ohne viel Selbstzwang.

Aber wir lechzen nach dem MEHR,
das GENUG krönt keinen König,
das Glas ist für uns immer halb leer
und auch voll wär es uns zu wenig.

Es muss am besten überlaufen,
doch sieht keiner mehr so weit,
dass wir im Inhalt, mit der Zeit,
langsam aber sicher ersaufen.

Verhandlung

Das Neue wird immer schneller älter
und was IN ist – out,
die Menschen sterben heute später
mit kaum Falten auf der Haut.

Wenn man in der Schul' nicht spurt,
hofft man auf eine Verwandlung,
heut' ist fast jede Geburt
eine gelungene Verhandlung.

Irgendwas wird aus den meisten,
auch wenn nur ein Hartz-Vierer,
nur muss man sich es können leisten
zu leben als Verlierer.

Es muss einem danach verlangen,
von der Regel die Ausnahme zu sein,
fällt man, wird man vom Rest aufgefangen,
doch bricht man manchmal auch so ein.

Einer wie ich

Einer wie ich muss sich die Heimat verdienen,
man kann sie nicht annehmen
serviert auf dem Tablett,
sonst hätte ich den Eindruck, ich ließe mich bedienen,
als würd' ich jeden Morgen frühstücken im Bett.

Einer wie ich muss sich manches erringen,,
ich wanderte aus und wurde neu geboren.
Nur hab ich neben unwichtigen Dingen,
für den Rest meines Lebens,
Selbstverständliches verloren.

Einer wie ich kennt diesen Preis,
den man immer und überall muss zahlen,
da hilft auch keine Art von Pass oder Ausweis -
das Leben kann ihr Schwarz-auf-weiß übermalen.

Einer wie ich ist nicht wie ein jeder,
für manche steckt nur Fremdes
in meiner Sachsenhaut,
ich muss einen Makel haben
wie ein Schornsteinfeger,
der seine Bürste zu weit hinausschiebt, ins Out.

Einer wie ich kriegt den Ruß ins Gesicht
der die Adern des Jahrhunderts verengt,
ich griff auch mal nach den Sternen
und wusste nicht
dass man sich für immer an ihnen erhängt.

Der Diener

Nichts hab ich gegen des Fernsehers Bilder
solang ich meine Sprache noch behalten kann.
Ich seh es , man liebt sich auf dem Bildschirm
immer wilder,
das menschliche Geschlecht schreitet voran.

Ich meine das ORGAN.
Die Funktion und der Geist hinkten schon immer hinterher,
erst muss man was durchstoßen und öffnen die Bahn,
dann kann auch der kleinste Fluss sich ergießen ins Meer.

Und ich meine es ernst, wenn auch nicht mit MEINEN Mitteln,
sondern mit denen Unserer Zeit,
und ich bin mir sicher dass mich nichts wird erschüttern,
jetzt und in alle Ewigkeit.

Ich diente der Wirtschaft
und nebenbei dem Zeitlosen der Kunst,
diesem mancherorts so verkümmerten Glied,
dass man es kaum noch wahrnimmt in des Lebens Dunst,
aus dem es vage aber zu oft riecht nach Abschied.

Die Verführung

Wie andere , rede auch ich manchmal ZU frei,
also unsachlich,
wir werden vom Stil der Freiheit übermannt.
Man übersieht das Notwendige gekonnt und fachlich,
dass es mich wundert dass es uns noch nicht hat überrannt.

Wir steh'n noch immer da auf unsern Beinen,
gestützt statt auf's Leben, mehr auf ein Prinzip.
Es kann doch nicht sein dass uns was geht daneben,
wir gewannen doch das Kalkül schon längst so lieb.

Schuld sind immer die Andern und wir selbst nie,
wir sind gute Rechner alle.
Das vom Zufall abhängige bleibt etwas für die Philosophie :
im Leben selbst
wird es beseitigt durch die Pragmatische Falle.

Und doch, und doch, es lauert überall.
Es passt uns ab an allen Straßenecken.
Ob wir die Kurve noch kriegen , so allein im All?
Das kann einer
nur durch die Berechnung des Zufalls entdecken.

Gang

Wer nicht früh sterben will
muss sich beeilen,
nur ich
mach mich langsam ran ans Spiel
und leb' wie zwischen den Zeilen.

Strengt man sich doch an spontan,
ist es nicht vergebens,
wer schneller geht, kommt SPÄTER an
ans Ende seines Lebens.

Das Atom

Erst haben die Menschen es gespalten
und es galt lang als legitim,
nun können die Menschen wegen ihm,
nicht mehr zusammen halten.

Die Spaltung ist fluchbeladen
und treibt Politiker in die Enge,
das Wasser in dem diese baden
ist die Menge.

Das wäscht aber auch nicht rein
wenn man mal bekleckert ist mit Strahlen,
das Atom hat uns berauscht wie ein Wein,
den wir nun teuer bezahlen.
Und gegen den Wind ausspeih'n.

Ansichten von einem
der auf dem Land großgewachsen ist

Aus den Tresoren der Banken duftet es nach Heu,
und, Liebste, betörend wirkt auf manchen sein Geruch.
Mich erinnert er an meine Kindheit,
als mein Herz war noch neu
und auch wir in der Scheune von dem hatten genug.

Nur wanderte ich ab dann einmal in die Stadt,
die Strömungen der Zeit zogen auch mich in sie hinein,
und verschlugen mich dann weiter, hinaus aus der Heimat,
in der Freien Welt Design.

Hier traf ich auf eine parallele Natur.
Die wuchs aus den Gewächshäusern heraus
und dehnte sich gestylt,
für mich zu sauber und zu pur,
über die Kühlschränke bis in jedes Haus.

Der Apfel war kein solcher mehr
sondern eine auf das Mykro genau geschliffene Linse,
in der das Auge das Ding-an-sich sah,
dem auch ich nun seit lange meinen Beitrag zinse.

Wie auch dem Zu-freien-Reden.
Aber ich weiß : mit allem kann man nicht sein.
Ich hab' mich auch nicht erwartet
dass ich lande aus der Hölle direkt in den Eden,
das Schicksal stellt uns überall ein Bein.

So flog denn auch ich mal auf den Bauch,
erhob mich errötend und blickte um mich
und sah das mancher Andere stolperte auch
sogar über einen mit Weiß
auf dem Weg gezogenen Strich.

Es ist nun mal so :
was schlimmeres gab es schon immer
und mit dir , Liebste , werd' ich nie lebensscheu,
trotz dem dass in alle unsere Zimmer
aus meinem Beutel
heraus duften bloß ein paar Halme Heu!

Der Inhalt in der schnelllebigen Zeit

Heut' reift das Obst
in den Vorratskammern ohne Sonne, von alleine,
und die Kinder lösen sich frühreif vom Elternbaum,
und fallen auf den harten Boden auf die Beine,
das Gras hat sich zurückgezogen,
irgendwohin in den Traum.

Wir leben in einer Welt aus Asphalt und Beton,
doch bis zum Wahnsinn transparent.
Dass sie deswegen nicht ins Trudeln kommt,
wundert mich schon,
jeder tüftelt in dieser Hinsicht aus
sein eignes Argument.

Es gilt bis zu einem Punkt :
„leben und leben lassen",
nach allen Seiten, kreuz und quer.
Der Ochs hat sein Joch und der Mensch um so mehr,
doch kommt es immer auf den Kaffee an
und nicht auf die Tassen.

Wir haben einen Inhalt und leben nicht ins Leere,
nur ist er vor mancher Fliehkraft zu bewahren,
sonst wird er an den Rand geschleudert
und wir mit ihm in die Misere,
die zum Teil glänzt
aber weit entfernt ist vom Wahren.

Neue Zeiten

Motto : „Heute kennt man den Preis
aber nicht mehr den Wert"
TV- Report

Technik ist da
nicht um sie zu versteh'n
sondern um sie zu nutzen,
wär nur nicht die Erde uns so nah
und wir dabei sie nicht würden verschmutzen.

Denn wir leben nur grad'aus
auf einer schiefen Wachstumbahn,
so rutschen wir auch manchmal aus
und geh'n rückwärts statt voran.

Wir haben uns ständig verlaufen
von den Dörfern in die Stadt,
doch was nützt es
dass wir alles können kaufen,
wenn nichts mehr einen Wert hat?

Die Masse des Einfachen

„Wir haben alles bloß kein Geld."
Zu was noch?Von mir aus nur für Sicherheit.
Ein jeder denkt an das
an was er mit den Zähnen hält
bevor er es schon hat.
Es weist ihm den Weg,
hinaus aus der Welt Verworrenheit.

Geld vereinfacht aber löst nicht alles.
Ich brauch nicht viel davon sondern nur genug.
Meine Rolle in dieser Großen Show
wurde mir geschrieben auf den Leib :
im Falle eines Falles
kann ich Urlaub machen
auch am MEHR aus einem Buch.
Und dass ich mit den Füßen auf festem Boden bleib'
verdank' ich auch einer anderen Anziehungskraft
als die des Erdballes.

Mich zieht das Schwere, die Masse des Einfachen an,
seine Berechenbarkeit und Transparenz,
durch die man in ihm erblicken kann,
das Ewige,
eingefasst im Kupferring des Momments.

Über's Fallen

Wer als Bescheidener auftritt
trotz seinem Hang zum Großen,
ist kein Depp.
Man muss doch auch aufpassen
dass man nicht ins Out wird gestoßen
vom eigenen Pepp.

Nicht zu weit aus dem Rahmen fallen,
sonst kommt man nicht mehr hoch
aus dem bodenlosen Loch,
beäugt von allen,

die nicht alles schlucken
verkrochen unter die Haut,
man darf, ja, nicht nur dann aufmucken
wenn keiner zuschaut.

Denn manche müssen sich nie bücken
und fallen immer auf die Beine,
nicht auf den Rücken,
wie wir – Kleine!

Die Lichtung

Es war nichts vergebens:
auch wenn ich nur nebenher
mir Zeit nahm für die Dichtung,
im Gestrüpp des Lebens
erschuf ich mir damit eine Lichtung.

In ihr konnte ich aufblüh'n
so wie ich wirklich war,
wie ich sonst nur einmal im Jahr
in der Welt erschien.

Dort war ich frei und ungestört
von selbstauferlegten Zwängen:
ich wollte dasteh'n ohne Mehrwert
und um so weniger hervor mich drängen.

Ich dachte es gehör' sich nicht
als Hergelaufener von sich zu geben
man würde auch für's Dichten leben –
ich dimmte mir selbst das Lampenlicht,

das in mir nur zögernd brennt,
flatternd bei jeder Windboe.
Ich glaube nicht dass jeder kennt,
was ich bei seinem Schein grad seh'.

In dieser verworrenen Welt,
hilft es mir mich nicht zu verirr'n,
bis mir dann einmal, für immer ausfällt
der Strom in meinem Hirn.

Schlagzeilen

Zum Frühstück ein Ei und siebzehn Tote,
zu Mittag Terror mit Steak,
abends Kidnaping mit ein paar Brote
und eine Schießerei ohne Zweck.

In der Welt geht nichts mehr
trotz manchem mühsamen Pakt,
nur die Donau fließt weiter hin zum Meer
und bei Wien,
macht sie das im Dreivierteltakt!

Rechtfertigung

Hiermit möchte ich mich zutiefst entschuldigen
bei allen Handelsbehörden :
es gibt immer noch viele die der Kauflust huldigen,
doch ich kann mehr als satt nicht werden.

Ich geh' erst dann in einen Laden
wenn ich etwas brauch
und nie um mich umzuschauen
ob ich was brauchen könnte.
Ich hab von wo zu zehren
denn ich hab Schränke und Bauch
und dazu manch' andere Talente.

Doch nicht für Sport, daher mein runder Leib,
und weil ich gern mal ein Glas Bier auch hebe,
aber auf keinen Fall weil ich rechts lebe
und links schreib'.

So fallen auch meine Kilos nicht ins Gewicht.
Überzeugt sei auch ein jeder :
mit einer exklusiveren Feder
schreibt man noch längst kein besseres Gedicht!

Verteilung

Jedem das Seine :
für die Großen das Beste,
für uns, Kleine,

die Reste!

Übertreibung

Früher jagten wir im Wald,
heute bequem im Supermarkt,
wo es nicht zu warm ist und nicht zu kalt.
Und doch droht manchem ein Herzinfarkt.

Es ist halt so im Leben
und man kann prüfen ob es stimmt :
wer sich über-nimmt
wird sich über-geben!

Der Berg im Meer

Motto: „Fürchte nicht die Veränderung,
fürchte den Stillstand.“
Kalenderspruch

Bescheidenheit ist keine Tugend mehr.
Auf so einen Hund muss man erst kommen,
dass man ihn hört anbellend das Meer,
in dem wir uns entfernen
und frei haben geschwommen.

Das Ufer ist kaum noch in Sicht,
es verdecken es die großen Wogen.
Hauptsache unsere Anzüge sind wasserdicht
und jeder kann rudern mit den Ellenbogen.

Wir proben den Aufstieg wie einen Handstand,
hoch auf dem Gipfel des Everest.
Schwer zu bewahren Ehre und Anstand,
solange es geht um den Rest.

Solange es geht um das MEHR,
in dessen Tiefe der Mensch ein Fisch ist,
und hat er es geschafft bis hierher,
dann nur weil er den kleineren auffrisst.

So ein Spektakel ersetzt den Krieg
ausschließend den Stillstand?
Was der Mensch braucht ist IRGENDEIN Sieg,
dann ist er nicht mehr Niemand.

Zur Verteidigung der Sache der Bauern
und der kleinen Leute

Ich liebe die Technik
soweit sie des Notwendigen Züge hat,
soweit sie sanft ihren Platz einnimmt,
nicht das Unersetzliche nur mimt
und uns nicht will brechen unter ihrem Rad.

Ich hasse dieses Eigentor
das wir uns könnten schießen.
Im Namen wessen?
Dem des Vermehrens an Fortschritt oder an Geld?
Die Grenzen dieser Zweien
werden immer ineinander überfließen :
auf Dauer kann eins nicht ohne das andere sein.
Bliebe die Vernunft die Sonne
und unter ihrem Schein
erblühe bis weit unser soziales Feld!

Für den kleinsten und den gesündesten Menschen
ist folgendes IN :
Arbeit ist eine Therapie,
ob bei Tag oder Nacht.
Er stochert in ihr nach seinem Sinn
und nicht nur nach der Wurzel einer Sellerie,
wenn die ihm auch die Suppe schmackhafter macht!

Gericht

Wichtig ist was kommt auf den Tisch,
für die aus dem Büro
wie auch für die vom Bau.
Welcher ist des Elektrikers Lieblingsfisch?

Kabeljau!

Das Unerwartete

Wer möchte nicht die Welt verändern?
Ich stelle – mit dem was ich schreib' –
nur manches fest.
Die Zeit solcher wie ich mal war ist dahin,
es anders zu sehen macht keinen Sinn :
das Neue
besetzt auch mich schon von den Rändern
auf's Innere hinzu,
auf diesen irgendwie noch unberührten Rest.

Der wurde mir GEGEBEN, gelegt in die Wiege.
Was kann ich dafür?
Ich freu mich nicht nur dann wann ICH siege,
sondern DER oder DAS BESSERE, mit seiner Kür.

In diesem Spiel haben wir alle gleiche Chancen,
das ist mein Ansatz, wäre er auch falsch.
Wir würfeln alle mit dem gleichen Würfel
und versetzen uns in Trancen,
das Unerwartete
befindet sich mit jedem von uns im Anmarsch.

Ob es dann auch ankommt,
liegt auch teils in den Sternen :
es kann und muss nicht immer sein,
wichtig ist
dass wir nicht aus den Augen verlieren die Fernen
in die wir immer tiefer wollen hinein.

Niveau

Das Erdklima wird immer wärmer.
Zum Glück!
Denn die soziale Kälte nimmt zu.
Mit jedem Tag werden wir ärmer
und verlieren aus der Ruh.

Doch leben wir beide in guter Symbiose :
du bist mir nicht zu wenig
und ich dir nicht zu viel.
Wir sind perfekt genormt
wie der See und die Seerose,
jeder für des Andern Ziel.

Und teilen seit eh und je alles
und die Sorgen sowieso.
Im Falle eines Falles,
fallen wir beide –

aber nicht unter unser Niveau!

Umschwung

Ich komme jetzt auf andere Gedanken
und gleich danach zu einer andern Szene,
was mal sicher war
gerät heute ins Schwanken
und mit ihm zugleich das Schöne.

Die Wüsten die sich vielerorts verbreiten,
die Reichen sind nicht fett –
die ÄRMERN werden fetter.
So ist's nun mal,so ändern sich die Zeiten,
und mit ihnen auch das Wetter!

Energie

Meine Frau sagt manchmal,
wann ich es nicht kann lassen,
ich schreibe im Akkord.
Ich habe Angst dass sie mich deswegen
nicht mehr wird lieben sondern hassen,
also arbeite ich weiter
an meinem Schwachsinnrekord.

Denn wie heißt es nur?
Man darf nur nicht aufgeben :
einmal wird uns allen alles gelingen.
Mich wirft nicht um dieses Springen
über die Klingen
die uns auf den Weg streut das Leben.

So was hält mich fit
und stärkt mich zutiefst bis hin in den Geist,
dass ich nicht mehr was anders bin als Energie,
wie ein Bandit
der das Kriminelle ins Positive umsetzt,
konsequent und dreist.

Aber auch das zu dreist Gute
kann man auf Dauer nicht ertragen,
man muss sparsam damit umgehn.
Sonst wissen manche plötzlich
nicht mehr wo sie stehn,
in dieser Welt voller offenen Fragen.

Das Ventil

Seit lange lässt mein Aussehen viel zu wünschen
übrig.
Ich hab nicht mal das Zeug zum Anti-Star.
So einen wie mich müsste man eigentlich lynschen,
denn der bringt gar nichts und um so weniger bar.

Aber wahrscheinlich ist zu teuer das Seil
und von wo noch zu nehmen den dazu passenden Ast,
und die Zeit, die Zeit, dieses große Unheil
das hinter uns her ist und uns hetzt ohne Rast?

Das ist noch meine Rettung
in dieser nach Außen gerichteten Welt,
in der manche Seifenblasen hinterherjagen.
Ich habe gelernt mein Inneres zu ertragen,
mein Äußeres muss der Rest,
ob's ihm gut oder weniger gefällt.

Wer nach außen lebt, kann nie implodieren.
Dankbar sollten wir sein für das kleinste Ventil,
das aus uns immer wieder wird extrahieren
was UNS SELBST und den ANDERN wär zu viel.

Der kindische Greis

Schreiben ist oft etwas leises:
es kommt auf Zehenspitzen daher
und geht auch so hinaus.
Es hat den klaren und weichen Blick eines Greises
mit kindlichem Gesicht,
der sich nicht mehr zu weit hinaus wagt aus dem Haus.

Trostleer und halb taub,
in Zeitlupe
sieht er an ihm vorbei zieh'n der Anderen Gebraus.

Er selbst hat es schon hinter sich seit so lange
dass es vielleicht war zu früh.
Doch bei diesem Gedanke wird es ihm nicht bange,
er sagt sich: „das schonte mir wenigstens die Knie.

Die brauch ich
um vor meiner Alten noch würdig aufzutreten.
Was geht mich der Rest noch an?
Für uns zwei, Liebste, ist Liebe wie beten,
und wir kommen immer weiter nach Innen voran.

Hinter uns ist der Rest der Welt
und vor uns das Unendlich Weite.
Ahoi! Müsst' ich rufen und hinaus segeln auf's Meer,
wär nicht zu Ende diese Seite
und die Mine im Kuli wieder leer!"

Abziehbild

Nicht nur mein Herz, auch meine Seele war einmal neu,
nun befürchte ich sie kriegt langsam Risse.
Die Veränderungen um mich herum haben keine Scheu
und um so weniger Gewissensbisse.

Es scheint dass man es abgesehen hat
ich selbst soll welche kriegen :
wenn ich mich nicht drehen lass von ihrem Rad,
werde ich unter ihm, bald,
ganz glatt gebügelt liegen.

Und mich nicht mehr aufrichten können,
weil mir wird fehlen die dritte Dimension.
Man muss sich auch etwas vom Nachlassen gönnen,
sonst endet man als Abziehbild letzter Edition

klebend auf dem Asphalt
unter all der andern Rädern.
Auch einer wie ich muss lassen manche Federn,
obwohl es mir davor graust und schon jetzt wird kalt.

Brrr!

Zweierlei Maß

Manche können auch von ihren Fehlern leben
und das noch gut –
für uns, den Rest,
wird es aber keine hohe Abfindung geben,
die auf dem eigenen Scheitern beruht.

Wir wurden nicht
auf der richtigen Seite geboren,
auf der Schokoladenseite –
dort haben wir nichts verloren,
dort hört auf die Enge und beginnt die Weite.

Wenn WIR was verbocken, muss Strafe her –
wir haben zu büßen!
Zweierlei Maß herrscht, kreuz und quer,
in dieser bizarren Welt aus der
wir uns trotz allem
mal mit Wehmut verabschieden müssen.

Analog

Motto: „In der Ehe gibt es kein UNSER mehr"
N. Blüm

Mancher ist auch in der Ehe einsam –
wächst für's Zusammensein nicht das Interesse,
hat man bloß so viel gemeinsam :
die Adresse.

Dagegen hilft kein Schmerzensgeld
und auch keine gewerkschaftliche Organisation,
das Glück ist nicht von dieser Welt,
der Kummer aber schon.

Nicht viele Ehen sind freudenleer,
die Ehe – als solche – muss kaputt sein,
in ihr gibt es kein UNSER mehr,
nur noch das MEIN und DEIN:

Oder zeitgemäß gesagt : die Eins und die Null,
es ist ja alles heute digital,
und bald fährt man auch per Fahrstuhl
hinauf und herunter durch's All.

Wir beide widersteh'n
und trotzen dem neuesten Sog :
was immer wir auch um uns herum seh'n,
betreiben wir die Liebe weiter analog.

Lohnerhöhung

Im Handwerk gibt es die Lohngruppe
„Facharbeiter mit Erfahrung".
Was eigentlich heißt
dass der Facharbeiter
so oft Fehler schon gemacht hat,
dass er sie in Zukunft vermeiden kann.
Also könnte man beim Vorgesetzten
wie folgt vorsprechen :
„Chef, ich schaff schon seit zwanzig Jahren
in der Firma.
In dieser Zeit
hab ich so viele Fehler gemacht
dass ich nun eine Lohnerhöhung
wert bin!"

Die Agentin

Die Uhren aus unsern Zimmern ticken nicht mehr richtig,
die Zeiger bleiben stecken wie im Stau.
Wir verkehren mit so einer Geschwindigkeit
zwischen Mann und Frau
dass wir die Grenzen überschreiten,
spontan und unvorsichtig.

Fast tut es mir schon weh wie du mich verschonst
und das macht mich wütend
dass ich zurück muss schlagen :
hey, Liebste, weißt du noch wo du wohnst?
In einer von meinen ungeklärten Fragen.

Wer hat dich nur für mich bestellt
und für meinen Herd?
Dich mir geschmuggelt ins Haus?
Was für ein Geheimdienst von dieser Erd'
kommt ohne so was nicht mehr aus?

Warum muss man mich kaputt machen
und das noch mit Liebe?
Zynisch ist der Welt Überbau!
Doch ich werde weiter erdulden deine Hiebe,
solang du dich noch willig erklärst
zu bleiben meine Frau.

Die Lobby

In den Händen mit einem Schmetterlingsnetz
jagt ein jeder seine eigene Illusion.
Meins ist befestigt an einem langen Bleistift
mit dessen anderem Ende ich berechne die Drift
meiner Beute,
die im Zick-Zack herumschwirrt
bis hinaus aus der Vision.

Denn, oh, ich hab Visionen, ich bin ein Visionär!
Das ist das allergeilste Hobby!
Ich hab mal gehört
dass einer,
der sich mit dem Nichts beschäftigte, wurde Millionär,
aber er hatte dafür die geeignete Lobby.

Die meine, die einzige, ist meine Frau
und deren Geduldreserven sind auch bald am Ende,
sie schlägt über dem Kopf zusammen die Hände
und sagt mir dass ich an einem Luftschloß bau.

„Das ist keine Luft, Liebste, das sind Bilder aus Worten.
Ich würde sie malen wär ich nicht farbenblind,
und dann könntest du sie aufhängen
als Schutz gegen den Wind,
in unsre Vierwändewelt,
an den ausgesetztesten Orten."

Umgekehrt

Motto : „Nach uns die Sintflut!"
TV – Report

Wer im Kommunismus
nicht in der Oberen Etage wohnte,
hatte das Malochen satt
und trat in den Ruhestand,
nicht weil er genug gearbeitet hat,
sondern
weil er nicht mehr arbeiten KONNTE.

Man hielt uns Reden ohne End',
von einer Zukunft voller Licht –
dabei stahl man uns stets den Moment
und man tat so, als wüsste man es nicht.

Im Kapitalismus ist es umgekehrt :
Hauptsache
es geht uns JETZT prächtig, nicht nur gut.
Und nach uns?
Das wissen wir und werden nicht genug belehrt :
nach uns die Sintflut!

Erwachen

Motto: „Der technologische Fortschritt
wurde vom philosophischen entkoppelt"
TV- Bericht

Wir haben den technologischen Fortschritt
von dem philosophischen entkoppelt,
hören wir nicht auf damit,
zahlen wir mal drauf doppelt.

Einmal mit dem globalen Stand
und einmal dass es ein jeder spürt,
denn das hat uns an den Rand
des Ökoabgrundes geführt.

In den schauen wir nun `rein
und mancher muss sich übergeben,
als möchte man sich so befreih'n
von dem bisherigen Leben.

Als möchte man rückgängig machen
was wir uns mal einverleibt,
doch was nutzt's dass wir aufwachen
wenn man im Bett liegen bleibt?

Symbol

(Verfasst unter dem Eindruck
des Irakkrieges)

Es hat sich erwiesen :
die deutsche Freiheitsstatue
hat statt einer Fackel
eine Maß Bier in der erhobenen Hand.
Die leuchtet im Oktober
          friedlich aus der Wiesn.
Die leuchtet und löscht
und löscht und leuchtet
nach allen Seiten
      weit
        hinaus aus dem Land.

Arbeitsteilung

Im Osten war ich oft wankelmutig.
Im Westen heißt das nun : fast depressiv.
Mit anderen Worten :
heut' noch überhaupt denken?
Ja. Aber nicht zu tief.

Das sollte man dem Fachmann überlassen,
sonst wird man über Nacht krank.
Es ist wie mit der Ernährung :
manche können immer gut essen
und bleiben trotzdem schlank.

Der Gipfel

Und wär es mit Leitern und Krücken,
ich werd dich mein Lebtag erobern,
denn du bist ein Gipfel von dem ich mich muss BÜCKEN
um in der Welt zu erblicken die Obren.

Diese Ameisen da unter uns,
auf ihrem Haufen von Villa und Cabriolet.
Was hab ich mit ihnen? Ich hab was mit dir!
Solang die Hormone uns noch stehen Spalier,
bekämpfen wir uns gegenseitig mit Liebe
auf dem Teppich
und sogar im Bett!

Offener Brief an die Spekulanten

Statt Motto: Spekulationen an der Börse
treiben die Lebensmittelpreise
weltweit, künstlich, in die Höhe.
TV- Report

Kommt endlich raus aus den launischen Börsen!
Beim letzten Zoll
eine schmerzliche Gebühr uns droht,
Spekulanten mit umnachteten Schädeln
in denen man arbeitet an einem anderen Gott!

Hört ihr mich nicht?
Ich ruf doch nicht im Geheimen
über eure niedrigen Wesen:
euer großes Hirn wird belauert vom Kleinen,
mit einer Abart des Bösen.

Ihr seid so lebensfremd mit eurem hohlen Glauben,
neben dem Grab
das uns allen aus dem Blut hervor scheint!
Hört ihr nicht, in eurem großen Lärm von Tauben,
wie jemand unter der Weltlast stöhnt und weint?

Hört ihr nicht, ihr , auf eurem Geldhaufen?
Nehmt ihr nicht wahr auch dies Ablaufen vielleicht?
Dass zum Verhandeln die Zeit nicht mehr reicht,
im Himmel gibt es keinen Rang mehr zu verkaufen!

An der Börse von Oben, meine Herren, ist es still.
Jemand hat sich im Äther erhängt
aus weltlichen Zwängen,
und ihr feiert, wie beim Aufersteh'n, euren jüngsten Deal
unter seinen Füßen, die im All hängen!

Von Männern und Frauen

Heut baut man Männer um zu Frauen
und Frauen möchten sein wie Männer,
so bringt man die Gesellschaft
auf den gemeinsamen Nenner.

Das Selbstbewusstsein ist bei Frauen im Steigen
und beim Mann eher im Sinken,
sie pflegen nicht mehr vor ihm sich zu verneigen
und überholen ihn ohne zu blinken.

Sie drängeln nach Vorn, um jeden Preis,
und werden bald auch Pfeife rauchen.
Frauen sind so heiß
dass sie uns das Bier
mit dem Zeigefinger stauchen.

Sie kriegen uns klein
mit ihren immer größren Brüsten.
Und wenn's auch mittels Silicon wird sein,
was soll's :
auch Männer tun ,ja, stets aufrüsten.

Und verweilen heimlich
immer länger vor dem Spiegel,
um sich die Härchen
aus der Nase zu schneiden.
Ab einem gewissen Alter,
sind Männer nicht mehr zu beneiden.

Sind sie noch jung,sind manche pervers
und finden das bloß geil,
als gehöre zum Nägelschneiden
nicht die Schere sondern das Beil.

Flüchtend nach Vorn
wirkt jeder Mann echt,
nur findet er sich immer schwerer zurecht,
hin und her gerissen zwischen Lust und Zorn.

Rücksicht

Was man heut von uns erwartet
ist dass man nicht aufgibt
und sich zum Malochen schleppt,
bis man am Arbeitsplatz umkippt.
Man könnte denken :
ist man mal alt, je weniger man lebt,
um so mehr wird man vom Staat geliebt.

Als Ruheständler ist man disqualifiziert,
man gehört nicht mehr zu den Stärkern –
falls mich der Alkohol nicht konserviert,
könnte ich doch noch hundert werden
wenn auch in Knoblauch mariniert.

Nur möchte ich nicht die Rentenkasse ärgern!

Der Suchende

Als ich im Kommunismus lebte,
versteckten seine Ideologen
gewisse Passagen aus Marx's Büchern vor mir,
im Westen redet man
von versteckten Fetten in der Wurst.
In dem System der ersten
litt ich an zu viel Wissensdurst,
hier leide ich nun an zu wenig Gier.

Die Unterfunktion dieser Drüse
verdirbt manchen das Spiel :
ich gib mich mit viel zu wenig zufrieden
und halt mich fern von Sünden.
Beweisen wird man mir einmal
dass ich nicht weiß was ich will
oder dass das was ich suche nirgends ist zu finden.

Von mir aus!
Mir reicht es dass ich mich selbst hab gefunden,
mal geblendet,
mal im Dunkeln tastend mit den Händen.
Und an diesem halt ich mit den Zähnen :
ich lass mich mir selbst nicht mehr entwenden,
bis mich die Erd, gelangweilt,
mit ihrem Grabmaul wird zugähnen.

Augenweide

Dolores, ich brauch kein Toupet
wie auch du kein künstliches Glied,
meine Haarpracht ist schon seit so lang passé
dass wir davon könnten singen ein ganz langes Lied.

Über die Art wie ich wurde anders als die meisten
und du mich nicht ließest allein,
wahrscheinlich hattest du begriffen
dass ich mir es nicht kann leisten,
so schön wie andere zu sein.

Ein Dressman war ich nie
doch du schon immer eine Augenweide
und bist es geblieben bis heut'.
Und das ist etwas für was ich dich beneide :
wie du deine Schönheit vor meine Füße hast gestreut!

Abkassiert

Es gilt immer noch im großen ganzen :
ob ich mich selbst verwirklichen kann,
hängt nicht nur davon ab
ob ich gut komm' an
sondern auch von meinen Finanzen.

Der Griff in das Portemonaie
macht dass ein jeder spürt dabei
was man schon weiß seit eh und je :
mit wenig Geld , ist man auch weniger frei.

Der Markt gibt uns dann den Rest
und macht die Lage rätselhaft :
wer Geld arbeiten lässt
hat mehr als der der selbst was schafft.

Ein Job in der Apotheke
bringt einer Kauffrau so viel Entlohnung
dass sie sich nicht ausdehnen kann
unter der Decke :
sie muss sich entscheiden
entweder für ein Auto oder 'ne Mietwohnung.

Das Leben wird ja wohl schön duften
doch verliert man Lust und Ruh,
wenn man für ein Paar Kinderschuh',
als Mutter,
einen ganzen Tag muss schuften.

Wir werden abkassiert bis in den Tod,
und ist es mal so weit,
setzt man noch eins drauf –
ich werde mir , bei dieser Not,
ein Grab suchen im Sommerschlußverkauf!

Die Lust im Garten

Liebste,
wenn ich in deiner Begleitung in den Garten schreite,
wachsen alle Gurken um noch eine Portion,
dass jede Rose röter wird um einen Ton
und von der Erd wegschaut in des Himmels Weite.

Ich brauch nur meinen Arm um deine Schultern legen
und ohne zu fragen ob ich es darf,
meine Hand zu deiner Hüfte hin bewegen,
und alle Peperoni werden scharf.

Wir sind das ideale Gärtnerehepaar,
in dieser Ära der unortodoxen Methoden,
in der die Liebe nur noch als Sex düngt den Boden,
aus dem, gekräuselt,
auch das Gras sprießt wie Schamhaar.

Erfunden

Mein Deutsch ist schwach, fast rudimentär,
ich spreche drei Sprachen,
doch keine mehr ganz richtig,
und schreib' über die Welt vulgär
und über Gott – unvorsichtig.

Ich hab' Ideen, bin ein Ideologe.
Pardon, ich wollte sagen : Idiot.
Ich grabe nach mir selbst wie ein Archäologe
und statt schwarz, sehe ich rot.

Ich werde wütend bei diesem Wirren
das uns zu bezirzen bezweckt,
heut' muss man sich oft erst richtig verirren
bevor man sein eigenes Selbst entdeckt.

So ging es auch mir, wie jenem Blinden
der den Wald vor lauter Bäume nicht sah,
ich konnt' mich nicht sehen, ich war mir zu nah,
und so beschloss ich... mich zu erfinden!

Dilemma

Ich bin zu oft ein naiver Denker,
weil ich mich selbst ertappe dass ich denke ZU linear.
In was wird das noch münden?
Das Schwierigste in unserer komplexen Welt
ist zu vereinfachen,
den gemeinsamen Nenner zu ER-finden,

ohne Opferaltar.

Prognose

Ist der Lauf der Welt noch umzukehren?
Wir schlittern
auf den Abgrund hinzu , ohne zu halten,
und mit der Hand ,
mit der wir unser Hirn ausschalten,
salutieren wir zugleich,
dem Untergang zu Ehren.

Denn wenn wir etwas hassen
dann ist es die Belehrung
die nicht dient der Geldvermehrung –
drum sollte man sie lieber unterlassen.
Angstmacherei , nach unserer Prognose,
fördert nur die Darmentleerung –

direkt in die Hose!

Freude

Oh, Dolores, der Winter kommt doch noch!
Bald werd ich dich empfangen
mit geröteten Wangen

und einer Schneeflocke im Knopfloch!

Das Abnorme

Seit einem Viertel Jahrhundert
sind wir Bettkollegen
und geraten , Liebste , immer noch in Zank
dessen Grund wir nicht können belegen.
Doch selbst Ärzte werden manchmal krank.

Das Abnorme umschleicht einen jeden,
virtuos und immer frecher.
Seit der Vertreibung aus dem Eden,
wird auch mancher Wächter zum Verbrecher,

und zum Klub der Irrenden
gehört auch mancher Logiker.
Ein jeder fischt mal irgendwann im Trüben,
wie auch hin und wieder manche Komiker
nicht mehr Sprüche klopfen, sondern VERÜBEN!

Wucher

Die Bestattungskosten sind heut' so hoch
dass sie als Leichenschändung könnten gelten,
seitdem das Geld in die Welt kroch,
trifft man auf Fairness eher selten.

Man muss sich wohl noch fragen dürfen,
wenn das Verhältnis nicht mehr stimmt,
warum man bei diesen Preisentwürfen
viel mehr gibt als man grad nimmt?

Man zahlt sein Lebtag Kirchensteuer
aber sterben, stirbt man einmal,
und das ist heute viel zu teuer:
ein gewöhnliches Grab ist doch kein Denkmal!

Der Tod wird zum Abenteuer
und zum teuersten Abend im Leben,
man geht eigentlich durch's Fegefeuer
bevor man den Geist hat aufgegeben.

Mit MEINEM Abgang macht keiner mehr Geschäfte,
für so was bin ich schon jetzt nicht mehr bereit
und übrigens:
ich brauch keine ganze Ewigkeit –
mir reicht die Hälfte!

Die Portion Glück

Einer wie ich braucht keinen Ruhm,
bin schon zweimal
dem Tod von der Schippe gesprungen,
für mich sind die Erfolgserlebnisse 'rum –
außer ich fühl mich dazu gezwungen.

Egal auch wie arg
man sich anstrengt am Stück,
um es zu etwas zu bringen,
braucht man auch ein Quentchen Glück,
sonst wird einem manches misslingen.

Die mir zustehende Portion
hab ich verbraucht,
nun muss ich mich zufrieden geben
mit den kleineren Spitzen im Leben:
seit zwölf Jahren hab ich nicht mehr geraucht!

Einer wie ich braucht keinen Ruhm,
bin aus der Nähe des Jenseits
zurück
zu den Meinen gesprungen,
für mich sind die Erfolgserlebnisse 'rum –
außer ich fühl mich dazu gezwungen.

Die Ehe mit Unserer Zeit

Liebste,unser Leuchter hat Lampenfieber
wenn wir uns unter ihm umarmen,
die zitternden Glühfäden sind zum Erbarmen,
drum wechseln wir rechtzeitig ins Schlafzimmer über.

Bevor über uns die Birnen implodieren
und es dem Fernseher den Ton verschlägt,
bei UNSERER Technik
kann ich für nichts garantieren,
gegenüber der Technik
die unsern Alltag geprägt.

Oder komm lieber in die Küche
und mach die Kühlschranktür weit auf,
sonst geht uns noch
die Ehe mit Unserer Zeit in die Brüche,
wenn keine Kühlung auf mich strömt herauf.

Und wozu besonders die anderen Dinge,
die sich immer wieder häufen
zwischen und ÜBER uns?
Kaum weicht einer aus von unter dieser Klinge,
und schon denkt der Rest, er käme zu kurz.

Immer diese Angst etwas zu versäumen,
besonders dass man nicht IN wär,
unsere Kinder
können kaum mehr anders als digital träumen
und auch noch mit uneigner Software.

Liebste, geh'n wir lieber schlafen,
ich hab keine Lust mehr!

Abgehoben

Motto: „Demokratie in der Krise"
TV- Bericht

Die Demokratie, die representative,
trotz optimistischer Devise,
ist nicht das Definitive –
sie ist in der Krise.

Gegenüber der Dynamik
der modernen Welt,
ist zu lahm ihre Mechanik
mit der man manches umstellt.

Sie wird als abgehoben
von den Massen empfunden,
als wär man mit denen von Oben,
nicht mehr verbunden.

Die sind so bürgerfern,
dass die Armen von den Straßen,
die der Staat nicht sieht gern,
dahin darben, allein gelassen.

Ungestört von jeder Prognose,
schaut die Politik oft weg –
und manche Rentner oder Obdachlose
suchen nach Pfandflaschen im Dreck!

Teufelszeug

Motto: „Es gibt Gutes, das nur zum Preis
der Existenz von Übel zu haben ist.“
G.W.Leibniz

Sollte es doch einen Gott geben,
einen Schöpfer und Macher,
wie steht es dann, im Leben,
um seinen Widersacher?

Jedes Plus
ruft auch ein Minus hervor,
wie der Feinfühlige den Groben.
Der Chor
wär ohne den Solisten aufgehoben
und ohne abwärts , gäb' es kein empor.

Wenn Gott allein ersann die Welt,
wer schuf dann seinen Gegenpol,
der ihm stets infrage stellt
das Verwaltungsmonopol?

Denn wieso steckt
in jedem Guten auch ein Übel
und umgekehrt?
Höchst wahrscheinlich ist die Bibel
eine Fibel
die nur das ABC uns lehrt.

Wenn der Zweifel einen quält
schlage man sich selbst auf,
wie ein Buch, und lese
bis man das kleinste Detail erkennt :
das Gute
und das Schlechte oder Böse,
sind nur im Märchen sauber getrennt!

Natürliche Auslese

Es wird geglaubt,
wegen den Meteoriten,
gäb's auch manchen Toten.
Sie fallen aber nicht allen auf's Haupt –

nur Idioten!

Der Treffer

Ich hab keine Zeit mehr ein Virtuose zu werden,
mir laufen davon die Zeiger aus der Uhr,
auch mir wurde zugeteilt nur EIN Leben auf Erden
und halb verheizte mir es eine Diktatur.

Einen Teil verbrannte ich mir selber
und muss sagen:
dazu auch noch die Finger,
mit einem Messer im Hals, im HALS nicht im Kragen,
öffnete sich mir die Tür zum psychiatrischen Zwinger.

Ich musste auch DAS sehen,
es war mir vorbestimmt,
sonst würd' ich nie können gehen
aus diesem Leben in dem es riecht nach Zimt

und eigentlich Pfeffer
dir ins Aug' landet, fremd,
sobald du, wär es auch als Treffer,
auf die Welt wirst raus geschwemmt!

Erstickungsgefahr

Auch ich lass mir das Hirn umarmen
vom Geist der Zeit.
Seine Liebe zu uns kennt kein Erbarmen,
trotzt jeder Unvollkommenheit.

Man wird umworben auf Teufel komm raus,
als Säufer oder Kettenraucher,
geliefert wird sogar frei Haus :
der Mensch ist überwunden
und heißt heute VERBRAUCHER!

Wie soll man sonst die vollen Läden leeren,
Arbeitsplätze sichern?
Also auf geht's! Jetzt oder nie!
Der Rubel muss rollen heraus aus den Sparbüchern,
das ist 'ne alte Weisheit und die sanfteste Ideologie.

Der Kreislauf muss sich schließen,
wie die Schlange die ihren Schwanz verschlingt.
Nur ist auch dies mit Vorsicht zu genießen,
sonst erstickt sie bevor sie es vollbringt!

Die Pause

Manchmal
werf ich ab von mir diesen Zaum,
unter dem ich mich für alles verantwortlich fühle
und sag mir :
„du musst aufpassen,es ist alles nur ein Traum.
Lass auch mal ruhen dein Herz und dein Hirn
und widme dich ihrer Hülle."

Dann nehm ich die Meinen
und fahren an den See,
wir stellen den Grill auf, es wird gebadet
und ein Spiel gestartet.
Meine Gedanken
schlagen ihr Zelt auf wie eine Armee,
die sich erholen muss
weil sie ein viel heftiger Kampf
bald,
nicht bald genug, erwartet.

Typisch

Man kann es ruhig beim Namen nennen,
ohne die Angst man würde nichts taugen :
warum haben Frauen zwei Augen?
Um bei der Partnerwahl

eins zudrücken zu können!

Endprodukt

Dichten ist wie Angeln,
nur etwas mehr.
Man wirft den Haken aus und wartet,
weit draußen, auf dem Meer.

Beißt bloß ein kleiner Fisch,
(das erkennt man am Schwimmer)
zieht man ihn nicht gleich raus
auf den Schreibtisch,
man wartet weiter, geduldig wie immer.

Bis dann ein größerer Fisch
den kleinen samt Haken verschluckt.
Erst dann hat man das Endprodukt,
das in die Welt – ganz frisch –
mit faustgroßen Augen guckt.

Ich muss aber auch gleich zugeben :
von so einer Art Angeln,
kann man nur mühsam leben!

Zauber

Hin und wieder
        nicht zu oft
ist das Leben
auch
ein Zauber.

        So dass dies sogar
        auch ein Blinder kann hören
        und sehen

                    ein Tauber.